LES

PERTES RÉCENTES

DE LA FRANCE

DISCOURS D'OUVERTURE

PRONONCÉ A LA FACULTÉ DES SCIENCES DE MARSEILLE

Par

F. TAMISIER

Professeur au Lycée de Marseille

MARSEILLE

TYPOGRAPHIE MARIUS OLIVE

RUE SAINTE, 39

1872

DISCOURS D'OUVERTURE

Prononcé à la Faculté des Sciences de Marseille

MESDAMES, MESDEMOISELLES,

Les douloureuses épreuves de la patrie nous ont forcés à suspendre nos cours, à interrompre ces entretiens littéraires que vous écoutiez avec faveur, et où vous apportiez chaque jour une attention et un zèle qui vous honorent et nous flattent ; aujourd'hui que des jours meilleurs semblent reluire, nons vous demandons la continuation de votre assiduité, vous pouvez en retour compter sur les mêmes soins, le même empressement à vous être utiles, et nous serons amplement dédommagés, si vous goûtez nos entretiens comme par le passé, et prêtez toujours une oreille attentive à nos leçons. Pour inaugurer ce cours, je vous demande la permission de récapituler les faits historiques et littéraires qui viennent de se produire, et de passer en revue les écrivains et les artistes dont la mort récente a presque passé inaperçue... (de terribles événements attachaient ailleurs nos regards), mais auxquels nous devons un dernier hommage, parce que leur perte laisse dans notre malheureuse France un vide difficile à réparer.

L'année fatale que nous venons de traverser n'aura été épargnée par aucun fléau, et nous avons bu jus-

qu'à la lie la coupe amère des douleurs, nous avons
eu d'abord à soutenir une guerre atroce qu'un pouvoir imprudent a provoquée, guerre abominable, faite
à distance par un ennemi invisible, et qui culbutait
nos lignes et renversait nos remparts par la force écra-
sante des engins les plus redoutables qu'aient créés
l'industrie et la science moderne. Après la guerre où
les revers ne nous ont jamais manqué, nous avons eu
l'invasion, moins cruelle il est vrai que la guerre, mais
qui en est le souvenir poignant, et qui pèse encore
d'un poids bien lourd sur quelques-unes de nos pro-
vinces qui avaient eu le plus à souffrir des ravages
de l'ennemi. Puis est venue l'anarchie, car on ne saurait
donner un autre nom à cette Babel de l'insurrection
parisienne, où les chefs ne s'entendaient que pour com-
mettre le mal, où les maîtres changeaient du jour au len-
demain, et qui a commencé par le meurtre et fini par
la ruine et l'incendie. Parlerai-je de la variole, cette
peste inoculée par les Prussiens à nos soldats ? Rap-
pellerai-je le froid, la faim conjurés pour la perte de nos
troupes, fléaux désastreux qui ont eu pour complices la
cupidité de nos fournisseurs et peut-être l'impéritie
de nos intendances ? Rappelerai-je ces charges énor-
mes qui sont venues s'apesantir sur la France épui-
sée, et grever de cinq milliards un budget déjà effrayant?
Ah ! pour retrouver un peu de courage, il faut songer
qu'au delà de ce gouffre où tout a semblé un instant
s'engloutir, il y a la patrie abattue, saignante, meurtrie,
mais qui, après avoir été purifiée par la souffrance et
l'expiation, doit maintenant se relever par la discipline
et le travail, se retremper dans l'ordre, l'union et une
sage liberté. Oui, dans l'espace d'un an, nous avons
subi tous les fléaux qui peuvent accabler une nation,
nous avons vu la guerre aggravée par l'invasion, l'in-

vasion par la guerre civile, la guerre civile par l'anarchie, l'anarchie par le meurtre et l'incendie !

Et quels incendies ! celui du Louvre, le sanctuaire du génie humain ; celui des Tuileries, la résidence de nos rois, ces fondateurs de l'unité française; le Palais de Justice, cet asile inviolable du droit ! Quels meurtres ! celui de nos soldats, de nos prêtres, de nos magistrats ! celui de grands citoyens, l'honneur de l'épiscopat et de la chaire, de la magistrature et du barreau ! Mais je regrette de me heurter à la politique qui a tout envahi dans ces derniers temps, et j'oublie peut-être que je ne dois faire ici que de la littérature.

La littérature, hélas ! elle aussi, a fait récemment des pertes cruelles, irréparables. Comment réparer la perte de Lamartine ? Qui nous rendra ce grand enchanteur de notre siècle, génie brillant, mais aventureux et ennemi de la règle, dont les œuvres diversés réflètent si bien la vie ondoyante et agitée. Astre étincelant qui, vers son aurore, a des jets de flamme et de lumière, il baigne, à son midi, son disque encore ardent dans les flots orageux de la politique, puis il s'éteint, à son couchant, triste et solitaire dans une sorte de nuit froide et monotone. Tour à tour poète, prosateur, historien, polémiste, un des maîtres de la tribune, puis orateur des foules et dominateur de la populace ! C'est lui qui, aujourd'hui, charme les beaux-esprits, et qui, demain, soulèvera le flot populaire, aussi habile à composer un poëme qu'à faire une révolution !

Et Berryer, qui nous le rendra ! Berryer, ce roi de la barre, ce modèle de la fidélité politique, ce géant de la tribune moderne! Et Victor Cousin, à la fois philosophe et historien, écrivain et professeur, artiste et philosophe, qui sut communiquer le souffle et la vie à tous les genres qu'il aborda; travailleur infatigable qui n'a jamais cessé d'étudier et de produire, et qui est mort plus que septuagénaire, méditant encore et presque la plume à la main, Ecrivain incomparable, il a su, en plein dix-neuvième siècle, ressusciter la langue de Pascal et de Bossuet; vulgarisateur éloquent de la métaphysique, il a répandu la lumière sur les questions les plus abstraites, et un jour par la puissance de la parole, le prestige de la pose, la magie du geste, il sut attirer et retenir antour de sa chaire, dans un amphithéâtre relativement étroit, plus de mille auditeurs, triomphe merveilleux de l'éloquence auquel Paris n'avait point assisté depuis Abeilard. Nous l'avons vu ensuite dans la seconde période de sa vie dire adieu à la philosophie pour s'adonner aux lettres qui étaient sa vocation véritable, se jeter avec une sorte de passion dans la biographie enthousiaste, tracer avec amour les ravissants portraits de ces femmes de tant d'esprit et d'un si grand air, et qui furent, comme on dirait aujourd'hui, les étoiles de la cour de Versailles. Saluons aussi ce critique ingénieux, sagace, pénétrant, quelquefois mordant et caustique, qui fondant ensemble la biographie et la critique, a su éclairer tour à tour l'écrivain par l'homme et l'homme par l'écrivain, s'est fait, comme il l'a dit lui-même, *le naturaliste des esprits*, à réhabilité tant d'écrivains oubliés ou méconnus, découvert dans notre vaste domaine littéraire tant de plages inexplorées, et dont les causeries périodiques dans le *Constitutionnel*, le *Moniteur*, la *Revue des Deux-Mondes*, forment aujourd'hui une galerie charmante de portraits, et sont, pour ainsi dire, un cours complet de littérature française à l'usage des savants et des gens du monde.

Où sont donc, pour remplacer ces soleils éteints, les étoiles nouvelles que l'on voit poindre à l'horizon ? Qui remplacera désormais ces hommes à qui nous dûmes, sous la Restauration, une sorte de seconde renaissance ?

Quand retrouverons-nous ce beau temps d'enthousiasme littéraire et de foi politique où la Sorbonne faisait écho au palais Bourbon ; où Guizot, Villemain et Cousin commentaient les paroles de Manuel et du général Foy ; et où de simples cours littéraires illustrés par un triumvirat qu'on ne reverra plus, acquéraient l'importance d'nne tribune et prenaient les proportions d'une institution politique ?

A côté de ces grands noms pour qui la postérité commence, il faut citer quelques illustrations d'un autre ordre que la mort vient de rayer du dictionnaire des contemporains. Thalbert, le plus grand peut-être de nos pianistes, que Marseille applaudissait encore il y a cinq ans ; Samson, le Talma de la comédie, le plus brillant interprète de Molière et de Marivaux, de Musset et de Scribe ; Fétis, le bénédictin de la musique ; Kuss, l'éminent professeur de la faculté de médecine de Strasbourg, dernier maire de cette ville, patriote éprouvé, qui a succombé au chagrin de voir l'Alsace arrachée à la France ; Edouard Bertin, paysagiste habile et en dernier lieu directeur du *Journal des Débats*, la première de toutes les feuilles politiques et littéraires de la France ; Pierre Leroux, un homme doux et bon, mais un utopiste humanitaire qui, avec les meilleures intentions du monde, a égaré bien des esprits ; enfin cet aimable Emile Deschamps, poète comme son frère Antony, recherché pour ses improvisations, ses comédies et ses proverbes dans les salons les plus à la mode de Paris, quand il y avait encore des salons.

Vous parlerai-je maintenant des innombrables victimes de la guerre? Ici je dois me restreindre, mais il est dans l'armée des noms qui sonnent si haut qu'ils ont droit à notre souvenir et à notre hommage. Eh quoi! nous nous tairions sur ces morts héroïques de nos modernes Bayards! Raoult, De Caen, Margueritte, Colson, généraux intrépides, votre nom appartient désormais à l'histoire, car vous avez ajouté une page de plus au sanglant martyrologe de nos batailles! Et vous, Abel Douai qui, surpris à Wissembourg, n'avez point voulu survivre à vos braves turcos broyés par la mitraille, et qui, l'épée haute et le front superbe, avez marché à l'ennemi pour y chercher la mort. Vous, général Legrand, qui vous arrachant à une épouse éplorée et à une famille de onze enfants, avez au premier bruit de la guerre, sollicité le service actif, combattu vaillamment contre des forces supérieures, et trouvé un trepas héroïque à Rezonville à la tête de vos escadrons, après avoir chargé trois fois l'ennemi avec une furie toute française! Vous enfin, dernier type de la bravoure et de la chevalerie française, intrépide Renault, dit l'*Arrière-Garde*, tombé à Champigny, au milieu de l'effroyable tuerie qui faisait des monceaux de cadavres sur le champ de bataille, mort comme Lannes à Essling des suites d'une amputation douloureuse, et qui, dans l'étreinte convulsive de l'agonie, tout palpitant encore de patriotisme, demandiéz comme Epaminondas si la victoire était restée à nos drapeaux!

Après ces noms, grands comme l'antique et désormais acquis au burin de l'histoire, vous oublierai-je, noble Dampierre, intrépide commandant d'un bataillon des mobiles de l'Aube? Accouru à Paris avec ces héros qu'enfanta la province, vous avez, refoulant l'ennemi à

Bagneux, dans une sortie impétueuse, lancé votre troupe à l'attaque du village, et la position enlevée, vous êtes tombé au milieu de votre triomphe sous une grêle de balles, à l'âge de trente-trois ans ! N'évoquerai-je pas aussi l'ombre de ce brillant cavalier qui, le 2 décembre, sur les côteaux ensanglantés de Champigny, commandait l'escadron des éclaireurs volontaires, fidèle avant-garde du général Ducrot? C'est là que ce brave Franchetti est tombé pour ne plus se relever, et le Lycée de Marseille, où il grandit et fit ses études, inscrira son nom au livre d'or de ses illustrations et de ses gloires.

Vous nommerai-je aussi, vous, Seveste, artiste charmant de notre première scène, tombé à Buzenval, et soigné comme un frère par nos plus éminentes actrices qui, ce jour-là, improvisèrent courageusement un rôle nouveau, celui de sœurs de charité et d'infirmières !

Et vous, Gustave Lambert, esprit ardent, ami des progrès de la science, marin hardi, vous rêviez la destinée de Cook ou de Lapeyrouse ! Convaincu de l'existence d'une mer libre au pôle nord, vous brûliez de vous frayer un passage à travers ces barrières de glace qui obstruent ce point culminant du monde, et qui ont pour hôtes les ours blancs des mers arctiques. Déjà vous aviez fait mettre la main au *Boréal*, ce bâtiment solide construit par vos soins, d'après votre plan et vos indications, qui devait affronter les tempêtes de l'Océan glacial et vous frayer une route par de là le Groenland et la mer de Behring. Eh bien ! en voyant l'étranger envahir notre sol, vous avez laissé là ce rêve magnifique que vous caressiez avec tant d'amour et de persévérance, et vous êtes venu simplement, sans forfanterie, combattre et vous faire tuer pour votre pays, à Buzenval ; et c'est la balle inconsciente d'un Bavarois ou d'un Poméranien qui vous a arrêté sur ce fantastique chemin des aventures et de la gloire !

Et vous Henri Regnault tué le 10 janvier 1871 en défendant Paris ; vous étiez jeune encore et votre merveilleux talent de peintre portait déjà ombrage à ceux qui étaient, dans votre art, en pleine possession de la renommée et de la gloire. Votre originalité saisissante s'était révélée dès votre début ; votre jeunesse était pleine de promesses, votre avenir était rayonnant. « Hélas ! comme l'a dit si bien Saint-Victor, le bonheur vous attendait au seuil du mariage sous la figure d'une jeune fille accomplie, une balle stupide a détruit en un instant tout cela. Elle a frappé ce front plein de rêves et de lumières, marqué du signe des élus de l'art. »

Fils d'un savant célèbre, membre de l'Institut et directeur de la manufacture de Sèvres, Henri Regnault ne fit qu'un saut du collége dans l'atelier. En 1866, il remportait le grand prix de Rome, et il débutait au salon deux ans plus tard par un ravissant portrait de femme.

C'était une noble Castillane d'une rare distinction de traits, d'une tournure élégante, vêtue d'une robe grenat, se détachant debout sur un rideau écarlate et caressant du revers de sa main le cou tendu d'un grand levrier. Le peintre de race se révélait dans ce beau portrait, début triomphant, qui promettait à la France un grand coloriste, un successeur de Delacroix. Henri Regnault donna ensuite *Automédon*, le portrait équestre du maréchal Prim, que tout le monde a admiré à l'une des dernières expositions de Marseille, *Judith*, et enfin cette *Salomé* qui fut le grand succès du dernier salon.

« Chose étrange, s'écrie Saint-Victor, dans un touchant panégyrique de l'artiste, Regnault avait une sorte de prédilection pour les sujets de meurtre ; il a fait *Judith* et une *Exécution sous les rois de Grenade*, dans ce dernier tableau l'artiste a étalé au bas de sa toile une large tache de sang.

« Hélas ! ce flot de sang rejaillit maintenant sur son œuvre tout entière, et la marque d'une signature tragique. Henri Regnault est mort à vingt-sept ans, aux premiers rayons de cette gloire naissante que Vauvenargues dit plus douce que les premiers feux de l'aurore ; il est mort en soldat intrépide pour son pays auquel il a sacrifié le plus bel avenir. La France reconnaissante illustrera sa mémoire ; à la renommée du jeune maître, elle ajoutera une consécration héroïque, et le martyre achèvera ce que son talent avait commencé. »

Et quel regret de ne pouvoir vous désigner, soldats obscurs de la patrie, martyrs anonymes qui êtes morts sans espoir d'immortalité ! vous tous, héroïques brancardiers, fidèles Bretons, mobiles et volontaires, zouaves et turcos, vous surtout, équipage si bien discipliné de la marine française qui, laissant le roulis du navire pour le tremblement du champ de bataille, avez montré partout une bravoure, un sang-froid, une résolution dont l'Europe et nos ennemis même ont été étonnés. Recevez ici du moins l'humble hommage de notre admiration, car vous avez, cinq mois durant, arrêté sous les murs de Paris un ennemi puissant et formidable, et comme le Batave aux flots courroucés de la mer, vous lui avez dit ; Tu n'iras pas plus loin : *Non longius ibis*.

Maintenant, c'est en tremblant que j'aborde les victimes de la guerre civile. Nous marchons ici sur la flamme et les ruines. Mais comment vous oublier, vous, Lecomte et Clément Thomas, que la mort a réunis et qui êtes désormais inséparables ! Lecomte, colonel au commencement de la guerre, fut bientôt général, grâce à son mérite. En face de l'émeute, il a eu la douleur de voir ses troupes faiblir devant une insurrection formidable et se mêler peut-être à ses assassins ; c'était un général instruit, un bibliophile distingué. Clément Thomas était un des vétérans de la démocratie et une des figures les plus honnêtes de ce temps.

Saluons maintenant le président Bonjean. Né à Valence, d'un pauvre horloger, il avait commencé par donner des leçons de droit à ses camarades d'études paresseux ou attardés, et par la force de l'intelligence et du caractère, il était devenu un de nos plus éminents jurisconsultes, et l'un des chefs de notre plus haute magistrature. Cet homme, dont la vie fut si laborieuse et si bien remplie, est encore plus grand par sa mort. Pouvant se sauver, il a mieux aimé mourir en gardant le poste de l'honneur et du devoir, et son trépas héroïque le placera dans l'histoire entre Phocion et Régulus. C'est lui, vous le savez, qui, donnant le bras à l'archevêque de Paris, le soutenait en marchant à la mort, et lui disait ces paroles à jamais mémorables : Montrons à ces gens-là comment le prêtre et le magistrat savent mourir! Puis, comme l'a dit une voix éloquente (1), faisant avec ses deux bras une croix, sur sa noble poitrine, calme et serein, en face de ses bourreaux, le regard levé vers le ciel, il semblait dire à ses assassins, ces paroles d'un grand homme : Je livre mon âme à Dieu et mon corps aux méchants.

Monseigneur Darboy avait commencé par être simple aumônier d'un Lycée de Paris ; chargé ensuite de l'inspectiou générale de l'enseignement religieux des Lycées du Diocèse, la distinction et la culture de son esprit, la modération de ses principes, l'onction de sa parole évan-

(1) M. Thourel, procureur général à la Cour d'Aix.

gélique, son admirable don d'écrire, l'avaient bientôt désigné pour recueillir la succession de Monseigneur Morlot. Installé archevêque de Paris en 1863, puis sénateur, grand aumônier, et enfin prince de l'Eglise, il tombe du faîte des splendeurs dans un cachot obscur, et, comme l'un de ses plus glorieux prédécesseurs, il couronne son apostolat par le martyre après avoir, dans les angoisses d'une captivité de deux mois, épuisé la coupe des douleurs humaines.

L'abbé Deguerry, vous le savez, avait refusé deux fois l'évêché de Marseille. Il tenait à ses ouailles qu'il ne voulut jamais quitter, il était la providence des pauvres, et l'un des plus instruits et des plus éloquents de nos orateurs sacrés. Il avait paru avec éclat dans la chaire chrétienne avant Lacordaire et le père Félix, et la grande vogue qu'obtinrent plus tard ces deux prédicateurs célèbres, n'avait point effacé les triomphes oratoires du curé de la Magdeleine. La majesté de sa noble tête que rehaussait une couronne de cheveux blancs, le souvenir de ses bienfaits, l'auréole de ses talents et de ses vertus, n'ont point arrêté le bras de ses bourreaux; il est tombé en priant pour eux!!

Ne passons point sous silence, pour compléter cette liste funèbre, ces membres des corporations enseignantes, l'élite du sacerdoce, les Captier, les Olivaint, les Ducoudray, bienfaiteurs zélés du pauvre, instituteurs dévoués de la jeunesse, aussi doux dans le bien que leurs bourreaux se sont montrés acharnés dans le mal. J'oubliais Chaudey, cœur généreux, patriote ardent, démocrate convaincu, journaliste aimé, qui est tombé sous les balles de ceux qu'il avait eu l'illusion de croire bons et honnêtes, les violents et les égarés de son propre parti.

Et maintenant, un dernier hommage à cet illustre

nonagénaire, qui écrivît les belles partitions de la *Muette et du Domino noir* ? La musique de M. Auber semble ne convenir qu'aux fêtes et aux joies de ce monde ; on dirait que l'adversité ne peut l'effleurer de ses ailes ; eh bien! ce compositeur charmant, ce maître aimable, qui a fait, toute sa vie, de la musique ses délices et sa gloire, rend le dernier soupir dans ce Paris qu'il a tant aimé, qu'il n'avait point quitté depuis soixante ans, et peu s'en faut que ses restes ne soient profanés. Le marteau qui démolit l'hôtel de M. Thiers fait trop de bruit pour qu'on entende Auber mourir. Les hurlements des fedérés ont couvert les derniers soupirs de son agonie. Il a fallu balayer Paris, devenu un affreux repaire, avant de songer aux funérailles du chef de l'Ecole française ; et le plus piquant, le plus spirituel de nos critiques contemporains, Armand de Pontmartin a pu dire, en voyant passer le convoi de ce prince de la musique moderne: Vous ne savez pas? Le 12 mai, Pyat et Delescluze étant consuls, et datant leur consulat du 20 prairial an 79 de la République française, notre cher et adorable Auber est mort à 89 ans, trois mois et quatorze jours, après avoir écrit quelques partitions de plus, et vécu dix mois de trop. Heureux, en effet, ceux qui sont morts sans avoir vu l'issue lamentable d'une guerre mal préparée, mal conduite, qui a commencé par des fautes, s'est continuée à travers une série de désastres, s'est terminée par une paix humiliante, au milieu du deuil et de la consternation de la France, et qui nous a valu, en fin de compte, cette insurrection du cosmopolitisme parisien, qui a copié 93, et parodié la terreur. Heureux, bien heureux, ceux qui sont morts, avant ces dates fatales !

De ce nombre a été cet infortuné Prévost-Paradol qui, pressentant avec l'intuition des hautes intelligences, les malheurs qui allaient fondre sur la France, a mieux aimé sortir violemment de ce monde, que d'assister aux hontes et aux désastres qu'il avait prévus, et qu'il avait cherché à conjurer par les avertissements réitérés d'une plume éloquente. Fils d'une cantatrice célèbre, goûtée et applaudie à ses débuts, sur la scène de Marseille, Prévost-Paradol, lauréat des concours généraux, entre à l'Ecole normale, et, sur les bancs même de cette école, il écrit l'éloge de Bernardin de Saint-Pierre, qui est couronné par l'Académie française ; puis, reçu docteur ès lettres à Paris, nous le voyons bientôt à la Faculté des lettres d'Aix, grouper autour de sa chaire par l'attrait d'une parole séduisante, nos plus vieux magistrats et nos plus jeunes étudiants, confondus pêle-mêle, et unis dans le sentiment d'une admiration réfléchie et méritée. Mais il fallait à Paradol, un plus large théâtre que cette ville d'Aix, ville savante et polie, qui, en perdant sa prépondérance, a pourtant gardé le culte des lettres et des arts. Il part pour Paris, il va chercher là-haut cette consécration et ce baptême que tous les jeunes talents demandent à la capitale. Là, il devient, dans les journaux les plus accrédités, l'organe écouté d'une opposition aggressive quoique sage, vive quoique mesurée. Il compte bientôt parmi les adversaires les plus redoutés du pouvoir, et sa plume qui a le dard de l'abeille, fait chaque jour de cruelles blessures ; le souverain tombé depuis lors, pour être resté sourd aux dures vérités que faisait retentir chaque jour à son oreille ce jeune publiciste dont le sens politique était d'une si rare perspicacité, cherche à l'attirer ; il le flatte, et quand il est reçu à l'Académie française à trente-six ans, et qu'à la suite de sa réception, Paradol, dans une entrevue restée célèbre, s'entend dire par une bouche alors auguste : *Il est bien fâcheux qu'un homme de votre mérite soit dans les rangs de nos adversaires;* Paradol tient bon contre ces cajole-

ries du pouvoir. Il ne fléchit pas, il reste debout, il con-
tinue à vivre du labeur quotidien de sa plume de journaliste, et se drape fièrement dans son manteau de philosophe. C'est alors qu'il écrit son beau livre, intitulé la
France nouvelle, où il interroge avec anxiété, et sonde
avec une rare clairvoyance le mystère de notre destinée
politique, annonce et prédit l'effroyable conflit qui a
depuis éclaté entre la France et l'Allemagne, et semble
entrevoir dans un temps prochain l'inévitable série de
nos désastres et de nos revers.

« Pendant douze ans, a dit M. Hervé, son émule et
son ami, Prévost-Paradol fut un des plus vaillants cham-
pions de la presse quotidienne ; mais écrire ne suffisait
pas à cette nature ardente, il voulut agir ; tel était le se-
cret désir et le noble tourment qui le dévorait. Le suf-
frage universel ne sut pas faire sa place dans les con-
seils de la nation à cette fière personnalité dédaigneuse
de se plier à certaines exigences de nos mœurs électo-
rales ; et quand la France sembla rentrer en possession
des libertés longtemps limitées par les nécessités de l'ordre, Prévost-Paradol, fatigué peut-être aussi par le
labeur quotidien de sa collaboration à plusieurs grands
journaux, accueillit avec une joie loyale la réalisation
des progrès qu'il avait appelés de ses vœux, et il finit
par accepter un poste de confiance à l'étranger. »

Hélas ! il était à peine rendu à son poste de ministre
de France à Washington, qu'on apprend qu'il a succombé à un anévrisme ; mais un second télégramme
assigne une autre cause à cette mort aussi regrettable
qu'inattendue.

Prévost-Pardol est mort de sa propre main, et c'est
dans un accès de délire provoqué par les circonstances
politiques au milieu desquelles il s'est trouvé placé,
qu'il a mis fin à une si courte et si brillante existence.

Parti de Paris le 1ᵉʳ juillet 1870, il trouva, en arrivant
à Washington, la guerre déclarée entre la France et
l'Allemagne. Cette guerre, il ne la voulait point, il pré-
voyait les malheurs qu'elle allait causer à son pays.
Plié et comme affaissé sous le poids de cette désastreuse
nouvelle qui lui ôte toutes ses illusions, n'ayant pas
d'ailleurs l'énergie du caractère égale à la distinction de
l'esprit, dans un accès de désespoir, il s'est puni d'avoir
eu tant de crédulité et de bonne foi en dirigeant contre sa
poitrine une arme meurtrière. Ce coup fatal de révolver
qui a tranché une existence si précieuse, appelée à de si
hautes destinées, a été, pour ainsi dire, le signal pré-
curseur des malheurs de la France.

Par son tact littéraire et son sens politique, Paradol
était un des ministres désignés de l'avenir. En politique, il était le disciple bien-aimé de M. Thiers; il
s'inspirait de ses entretiens, il traduisait sa pensée;
en littérature, il était de l'école de Villemain et de
Mignet. C'est à M. Mignet qu'il a dédié sa belle étude
sur nos moralistes, et cette dédicace est un modèle d'élé-
gance et de grâce, calque heureux et réussi du style
noble et sévère du maître à qui elle est adressée.

Il y avait de l'Athénien et de l'Isocrate dans ce jeune
et brillant écrivain que l'Académie française, séduite
par son talent précoce, adoptait à trente-six ans et pré-
férait à vingt candidats sexagénaires. On n'oubliera jamais, dit encore M. Hervé, l'influence que les premiers
Paris du *Journal des Débats*, vers 1858 et 1859, ont exercée
sur la génération présente. Ils réveillèrent la jeune
France d'alors, ils ranimèrent les esperances libérales, et
l'on doit une profonde reconnaissance à celui qui fit
apparaître un instant à nos yeux l'ombre de la liberté
à défaut de la liberté elle-même. Prévost-Paradol laisse
de nombreux écrits, d'abord tous ses articles de poli-

tique et de littérature qui ont paru dans le *Journal des Débats* et le *Courrier du Dimanche;* une histoire universelle écrite pour les jeunes personnes, résumé excellent et substantiel des études historiques qu'il avait faites à l'Ecole normale; un essai sur les moralistes français, des brochures de circonstance qui ont eu une grande vogue en leur temps et dont la plus célèbre, intitulée *Les anciens Partis*, lui valut mille francs d'amende et un mois de prison.

Au point de vue politique, il y a loin de Prévost-Paradol à Prosper Merimée; l'un adversaire du pouvoir, orléaniste redouté, décochant chaque jour sa flèche acérée, et prenant pour cible le gouvernement : l'autre habitué de Saint-Cloud, familier des Tuileries, toujours invité des premiers aux chasses de Compiègne, et, dans ces dernier temps, « très-haut juché sur sa cravate et tout glacé de morgue officielle et sénatoriale (1). » Mais au point de vue littéraire, la distance est moins grande.

Mérimée, comme Paradol, est un écrivain hors ligne; ce n'est pas un politique, il est vrai, c'est un voyageur, un chroniqueur, un historien, un romancier, un archéologue ; en littérature il a créé un genre, *la Nouvelle*, et dans ce genre, il a sculpté des camées et taillé des diamants. Sa prose nette, ferme et solide, sans phrases, sans enluminure, sa manière simple, naturelle et franche, ses récits nets, sveltes, alertes, coupés au vif, les dialogues brefs, rapides de ses personnages qui n'ont pas une parole inutile, ses peintures de mœurs à une époque donnée, savamment déguisées sous une courte anecdote, toutes ces qualités font de Prosper Mérimée un artiste consommé et le plus français des écrivains de notre temps.

(1) Saint-Victor.

Mérimée va en Corse et il en rapporte deux nouvelles qui sont deux chefs-d'œuvre : *Colomba et Mateo Falcone*, modèles de style sobre, clair, précis, et types achevés de couleur locale ; il s'en va en Espagne, et date de Madrid des lettres charmantes sur ce pays, ses mœurs, ses usages, ses institutions, ses cérémonies, ses courses de taureaux et ses brigands ; il voyage plus tard en Russie, et il nous fait connaître Pousckine et toute une littérature nouvelle dont il a eu l'honneur de naturaliser chez nous les fleurs un des premiers. A tout autre moment, la mort de Prosper Mérimée aurait produit une grande sensation ; on eût accompagné de regrets unanimes la perte de l'écrivain de tant de petits chefs-d'œuvre immortels que nous avons tous lus et dévorés. « Eh bien! dit Saint-Victor, c'est par un numéro du *Times*, glissé à travers une fissure de la prison vivante qui cernait Paris, que l'on a appris la mort de Prosper Mérimée ; en tout autre temps, les oraisons funèbres auraient retenti autour de son nom, car depuis quarante ans il était en pleine possession de la renommée. O vanité de la gloire humaine, les plus illustres doivent choisir leur temps pour mourir, et savoir, avant d'expirer, si le monde a le temps de s'occuper d'eux. »

Voulez-vous un exemple plus frappant de l'indifférence publique en ce temps de fièvreuse anxiété que la mort de cet Alexandre Dumas qui avait rempli la France et l'Europe de son nom et de sa personnalité remuante et fantasque, et qui meurt obscurement loin de Paris. « Oui, c'est au plus fort de l'invasion prussienne, a dit A. de Pontmartin que Dumas, tombé dans une sorte d'enfance sénile, malade, agonisant, sent glisser sur ses épaules le froid linceul de l'oubli. Qui pourtant fit parler davantage de lui? qui jamais fut plus affamé de publicité? Pendant un demi-siècle, Dumas a surmené sa santé herculéenne, son talent demesuré, sa fortune aussi follement perdue que rapidement gagnée. Il n'a pas cessé de méconnaître les règles les plus usuelles de l'hygiène physique, intellectuelle et morale, de prodiguer à tous les vents du caprice et du hasard les dons d'une nature opulente. Il n'a pas su se défendre de ces désordres intérieurs qui, après avoir déréglé les actes, désordonnent les œuvres et font de la vie littéraire une série de tours de force, de soubresauts, d'orages, de secousses, de surexcitations fébriles et d'implacables déchéances. » Dumas a écrit ou fait écrire près de quatre cents volumes, car il avait fait de la littérature une industrie lucrative et de l'art d'écrire un trafic. Il restera de lui la comédie de *Henri III*, que Goethe admirait, et ses *Impressions de voyage* qui charment et attachent par la gaité française, l'allure vive et le naturel.

Je finirai, Mesdemoiselles, cette énumeration qui, je le crains, commence à devenir fastidieuse, par le plus illustre, sans contredit, de tous ces morts qui viennent de faire un si grand vide dans notre littérature.

J'ai encore à vous parler de Villemain. Je vous l'ai gardé pour pour la fin, et ce sera comme on dit, le bouquet. Né en 1790, Abel Villemain, qui a eu le bonheur de mourir un peu avant l'entrée des Prussiens dans Paris, fit de brillantes études au lycée Louis-le-Grand. A quatorze ans, il jouait en grec la tragédie dans le pensionnat d'un célèbre helleniste, M. Planche. A dix-huit ans, il quittait les bancs du collége Louis-le-Grand, pour monter dans la chaire de rhétorique, suppléait son maître Luce de Lancival, aux applaudissements de ses camarades émerveillés de sa verve et de sa précoce éloquence. A vingt ans, il professait la littérature à l'Ecole normale; à vingt-six ans, il enseignait l'éloquence à la Sorbonne; à trente-

quatre ans, il entrait à l'Académie française, qui l'élisait
à l'unanimité, et qui, déjà, lui avait décerné une de ses
couronnes pour son bel éloge de Montaigne. Et dans ce
tournoi littéraire, il avait pour concurrents Droz, Jay,
Victorin Fabre, ce dernier toujours couronné jusque-là,
et qui, cette fois, se retira pour toujours de l'arène, cé-
dant à regret la palme à son jeune et heureux antago-
niste. Plus tard, Villemain écrit l'éloge de Montesquieu,
et dans son cours de la Sorbonne, il ouvre à la critique
littéraire des horizons nouveaux, de larges perspectives,
élève cette science à la hauteur de l'histoire, voit accou-
rir à ses leçons l'élite de la jeunesse, des députés, des
pairs de France, et compte parmi ses auditeurs le général
ral Foy, Berryer, ces princes de la parole, et Châteaubriand, ce roi de l'intelligence , qui personnifiait alors
dans tout son éclat la littérature nouvelle. A côté de Victor Cousin et de Guizot, ses émules et ses amis, qui ont
sur lui l'avantage des dons physiques, il obtient comme
professeur, un succès qui n'a jamais été atteint depuis.
Villemain n'est qu'un rhéteur, ont dit ses critiques; oui,
je l'accorde, c'est un rhéteur , mais en prenant ce mot
dans son acception la meilleure, dans sa signification toute
grecque. Il a été rhéteur comme le furent en Grèce Ly-
sias, Isocrate, Hyperide et Demosthéne. Il nous a été
donné depuis d'entendre des professeurs célèbres : les
Quinet, les Michelet, les Sant-Marc-Girardin, les Oza-
nam. Bien peu ont atteint Villemain, nul ne l'a surpassé.
Quinet était un tribun fougueux, et sa parole tonnante
soulevait les orages parmi les étudiants du quartier La-
tin. Michelet était un conteur original et plein d'humour,
mais il s'égarait dans les détours d'une érudition trop
souvent passionnée, fantasque et capricieuse. Saint-Marc-
Girardin était un causeur étincelant, d'uue convenance
et d'une grâce toute attique. Ozanan, avait la parole em-

barrassée au début, et l'éclair ne jaillissait que lorsqu'il voulait mettre dans tout son jour, une idée morale, un principe de conduite ou une grande vérité religieuse, oh ! alors, le rayon de feu descendait sur son front, et il y avait en lui du prédicateur inspiré. Villemain seul professait; lui seul a trouvé la note juste, et réalisé l'idéal du professeur. Ajouterons-nous qu'il était l'homme de France qui lisait le mieux, et que nos grands écrivains n'eurent jamais un commentateur plus animé, un plus éloquent interprète. De plus, novateur dans la critique littéraire, il a écrit l'histoire des idées comme d'autres ont écrit celle des événements, et montré l'influence qu'exerce tour à tour la littérature sur la société, et la société sur la littérature. On peut lui appliquer ce mot qui est de lui : « Le grand critique porte dans les arts une sorte de création ; quand il observe, on dirait qu'il invente. »

Distingué par Louis XVIII, patronné par Fontanes, accueilli par Mme de Staël, aimé de Châteaubriand, Villemain fut, sous Louis-Philippe, l'ami de Guizot, qui tenait toujours à l'avoir pour son lieutenant au ministère de l'instruction publique. « La littérature, disait-il un jour, dans un moment de mauvaise humeur, mène à tout, mais à condition d'en sortir. » Eh bien, sa vie tout entière a donné un démenti à ce mot. Oui, Villemain est arrivé à tout, sans jamais sortir de la littérature. Heureusement pour nos plaisirs et pour gloire, il n'a jamais cessé d'être ce que la nature l'avait fait : littérateur. Il a été homme de lettres partout: dans sa chaire de la Sorbonne, au palais Bourbon, à la Chambre des pairs, aux Tuileries, au ministère, dans les salons officiels comme dans ceux du faubourg Saint-Germain. Dans quelques années, on aura oublié qu'il occupa les plus hautes dignités de l'Etat, et fut, à différentes reprises, Grand-

Maître de l'Université; mais ses livres, mais ce style enchanteur, mais ces aperçus piquants, ces rapprochements ingénieux, ces pages éloquentes, on ne les oubliera jamais; et les connaisseurs les reliront tant que se parlera la langue française.

J'ai fini, Mesdemoiselles, cette revue rétrospective des pertes récentes de la France, sorte de galerie funèbre où nous avons rencontré bien des morts et heurté bien des tombes. Après avoir énuméré nos malheurs, sondé nos plaies, mesuré la profondeur de l'abîme où nous avons failli sombrer, il nous reste à chercher le remède à tant de maux. Pour cela, il faut remonter à la source et retrouver la cause première. Est-ce l'ignorance, est-ce le luxe, est-ce l'orgueil, le demi-savoir prétentieux, l'esprit de révolte, l'indiscipline des esprits, l'abaissement des caractères qui nous ont mis où nous sommes ? Eh, mon Dieu ! c'est un peu tout cela. En France, on ne sait plus obéir, a dit une voix autorisée, et depuis quatre-vingts ans, notre histoire n'est que l'histoire de nos insurrections et de nos révoltes. Sachons donc obéir au pouvoir légal, parlons moins de nos droits, songeons davantage à nos devoirs, respectons surtout le principe de l'autorité ; sans cela point d'ordre ni de gouvernement possible. Instruisons-nous aussi, mais que ce ne soit plus superficiellement. Acquérons une instruction solide et complète, car rien n'est funeste comme le demi-savoir, et ce sont les fruits secs et les déclassés qui sont en tête de toutes les révolutions. Travaillons à devenir plus savants, mieux disciplinés et plus vertueux ; et, pour cela, instruisez-vous vous aussi, Mesdemoiselles, vous qui devez être un jour les premières institutrices de nos enfants ; vous qui, pour la plupart êtes appelées à donner à la patrie des soldats et des citoyens. Rendez-vous dignes de cette mission délicate en travaillant chaque jour à votre perfectionnement intellectuel, moral et religieux ; vous vous rappelez cette touchante anecdote de l'histoire romaine :

Un jour, Cornélie la fille du grand Scipion et la mère des Gracques, recevait la visite d'une dame opulente de la Campanie. Celle-ci était parée avec un grand luxe , et devant l'austère Romaine, elle ne craignit pas de faire un fastueux étalage de ses joyaux et de ses bijoux. Cornélie était, suivant son habitude, vêtue avec une modeste simplicité. Surprise de cette tenue d'une femme qui avait refusé la main d'un monarque, la grande dame la presse de lui montrer ses parures et ses écrins. Cornélie ne répond pas, mais bientôt la porte s'ouvre , ses deux jeunes enfants paraissent , ses deux enfants qu'elle instruisait elle-même avec son intelligence et son cœur de mère, et qui faisaient déjà le plus grand honneur à sa vigilante sollicitude. Alors, les présentant avec un légitime orgueil à l'amie qu'elle recevait , elle lui dit : Voilà mes bijoux.

Imitez, Mesdemoiselles, cet exemple d'une femme qui se fit admirer par ses vertus autant que par la noblesse de son caractère et qui , rejetant les offres d'un monarque , trouva plus glorieux de rester la veuve d'un Romain que de devenir l'épouse d'un roi. Et quand un jour vous aurez le bonheur d'être mères , mettez votre orgueil et votre luxe à élever des enfants riches de savoir et de vertus. Ce sont les mères spartiates , vous le savez, qui soufflèrent à leurs fils ce mâle courage, ce patriotisme ardent d'où naquit la grandeur de Sparte ; et c'est à Blanche de Castille que la France doit Saint-Louis !